同じ? ちがう? 使い方を考えよう!

和語《わご》 漢語《かんご》 外来語《がいらいご》

❷「店・店舗《てんぽ》・ショップ」社会編《へん》

汐文社《ちょうぶんしゃ》

まえがき

「和語《わご》・漢語《かんご》・外来語《がいらいご》」第2巻《かん》は大きく「社会編《へん》」としました。その中では「職業《しょくぎょう》」として既《すで》に歴史から姿《すがた》を消した「瓦版屋《かわらばんや》」「駕籠《かご》かき」なども取り上げています。さあ、漢語や外来語ではどんな表現になっていると思いますか？

「道具」の分類でも同様です。「入れ物」は「容器《ようき》」「ケース」になり、「釜《かま》」は「炊飯器《すいはんき》」（漢語）、「クッカー」（外来語）になっているのです。

和語・漢語・外来語の移り変わりは日本社会そのものの変化を反《はん》映《えい》しています。「銭《ぜに》」ではキャッシュレス決済《けっさい》まで進んでいる現代を取り上げましたが、五十銭銅貨《せんどうか》は1953年まで使われていました。今からたった70年前です。

「建築《けんちく》」では「高い柱」「タワー」を取り上げました。縄文《じょうもん》時代・弥生《やよい》時代の遺跡《いせき》を見学すると必ず高い柱を立てた跡《あと》が見つかります。京都の「東寺《とうじ》の五重塔《とう》」は高さが55メートルもあります。みなさんも修学旅行《しゅうがくりょこう》などで見る機会があると思います。

「場所」の分類の中では「庭」「庭園」「ガーデン」を取り上げています。この３種の表現は現代日本語でも使い分けされています。

「ボクの家には小さな庭があって春になると桜が咲《さ》くんだよ」「わたしの祖父《そふ》の別荘《べっそう》には庭園があって、池や石灯籠《いしどうろう》もあるよ」「わたしの家はマンションで庭も庭園もないけど、マンションには誰《だれ》でも入れるグリーンガーデンがある」

やはり人間にとって自然を感じることは大切ですね！

佐々木《ささき》 瑞枝《みずえ》

もくじ

和語

店

漢語

店舗《てんぽ》

外来語

ショップ

ボクは東京郊外《こうがい》の駅の近くに住んでいます。ボクがまだ幼稚園《ようちえん》に通《かよ》っていた頃《ころ》、近所には本屋、靴屋《くつや》、乾物屋《かんぶつや》、お菓子屋《かしや》、八百屋《やおや》、肉屋などの個人経営《こじんけいえい》のお店がたくさんあり、お店の人からも「おかえり」などと声をかけてもらったものです。

ところがボクが小学校に入学する頃《ころ》、駅前は再《さい》開発され、顔なじみだったお店はなくなり、代《か》わりに大型店舗《てんぽ》が二つもできたのです。大型店舗《てんぽ》の地下には食料品が並《なら》ぶスーパーがあり、二階には本のコーナーや靴《くつ》のコーナーなどがあり、もう店の人の顔は見られなくなりました。

小学校高学年になった今は、大型店舗《てんぽ》の中にコーヒーショップやペットショップができ、休日はいつも人でいっぱいです。裏《うら》通りにはリサイクルショップまであります。これから街はどう変わっていくのでしょう。

店

和語

「店」は一般的《いっぱんてき》な商業施設《しせつ》で、「書店」「食料品店」のように一般《いっぱん》の人が日常的《にちじょうてき》に買い物できる場所です。「店番」という単語が存在《そんざい》するのは、「店」には常《つね》に誰《だれ》かがいて、お客さんの相手をする必要があるからです。「店」の語源《ごげん》は平安末期頃《ごろ》からある「見世棚《みせだな》」（台を高くして商品を見せるための棚《だな》）と言われています。

店舗《てんぽ》

漢語

「この喫茶店《きっさてん》はたった10年で日本全国30店舗《てんぽ》にもなりました」のように「店舗《てんぽ》」は店とは違《ちが》って営業する場所自体を指《さ》します。ですから「空《あ》き店舗《てんぽ》・貸店舗《かしてんぽ》あります」という広告もあれば、時には「居抜《いぬ》き店舗《てんぽ》貸《か》します」という広告もあります。「居抜《いぬ》き店舗《てんぽ》」とは、飲食店によくありますが、経営者が廃業《はいぎょう》しても、店内の設備や内装《ないそう》そのままで、すぐ営業できる状態《じょうたい》にある店舗《てんぽ》のことです。

ショップ

外来語

英語のShop《ショップ》から来た言葉で明治時代から使われています。ペットショップやコーヒーショップなど、商品を買う場所のことです。また、洋服から食料品、大工道具や植木に至るまで「オンラインショップ」で買う人も増《ふ》えています。時間の節約になることや品揃《しなぞろ》えが豊富《ほうふ》なことが、現代人の需要《じゅよう》にマッチしているからでしょう。

和語

茶屋

漢語

喫茶店《きっさてん》

外来語

カフェ

お茶（緑茶）は奈良《なら》時代から平安時代初期頃《ごろ》、遣唐使《けんとうし》や僧侶《そうりょ》が中国から持ち帰ったものです。当時お茶は非常《ひじょう》に貴重《きちょう》なもので、限《かぎ》られた人しか口にすることができませんでした。お茶が全国に広まり庶民《しょみん》の口にも入るようになったのは、室町《むろまち》時代の頃《ころ》からです。江戸時代、庶民《しょみん》の休憩《きゅうけい》用の場所「茶屋」が道沿《ぞ》いにあり、人々はお茶や団子《だんご》などを楽しむことができました。

「喫茶店《きっさてん》」は主《おも》にコーヒーを楽しむ場所で、「茶」という字が使われていても「緑茶」を出す店ではありません。コーヒーが日本に輸入《ゆにゅう》されはじめたのは幕末《ばくまつ》の頃《ころ》で、「喫茶店《きっさてん》」が現代のような形になったのは明治時代です。当時のコーヒーの値段《ねだん》は一杯《ぱい》一銭《せん》五厘《りん》。ちなみに蕎麦《そば》は八厘《りん》でした。

「カフェ」は、もともとはヨーロッパ圏《けん》で使われた言葉で、「喫茶店《きっさてん》」と同じ意味です。コーヒーの発祥地《はっしょうち》であるエチオピアのKafa《カッファ》から「カフェ」と変化したものです。

注：一銭《せん》は今の二百円くらい、一厘《りん》は一銭《せん》の十分の一で二十円くらい。

茶屋

和語

　明治から昭和初期にかけて「芝居茶屋《しばいぢゃや》」というものが存在《そんざい》しました。「芝居茶屋《しばいぢゃや》」は劇場《げきじょう》の近くにあり、観劇《かんげき》を終えたお客さんが立ち寄《よ》ってお茶やお菓子《かし》・軽食を楽しむ場所でした。「芝居茶屋《しばいぢゃや》」は劇場《げきじょう》の上等席（今のS《エス》席）を買い占《し》めておいて、お茶・お弁当《べんとう》付きで観覧席《かんらんせき》の切符《きっぷ》を販売《はんばい》しました。良い席で観劇《かんげき》したい人は「芝居茶屋《しばいぢゃや》」を通すしかなかったのです。

喫茶店《きっさてん》

漢語

　ちょっと休憩《きゅうけい》したい、仕事の打ち合わせをしたい、そういう時に喫茶店《きっさてん》が存在《そんざい》するのは大人《おとな》にとって有り難《がた》いものです。今日本には喫茶店《きっさてん》が約６万軒《けん》もあり、いちばん多いのは大阪府です。チェーン店はたいてい出すものが決まっています。たまごサンドやマカロニグラタンなら子どもにでも良さそうです。でも大人《おとな》といっしょに行きましょうね。喫茶店《きっさてん》は子どもどうしで行くところではありませんから。

カフェ

外来語

　カフェはフランス語のcafé《カフェ》から来た外来語です。フランスのパリでは店先に張《は》り出し屋根をつけて、椅子《いす》やテーブルを並《なら》べ、コーヒーを出すカフェがあちこちにあります。「ストリートカフェ」と言います。ヨーロッパでは同様のスタイルのカフェが多く見られ、街の空間に溶《と》け込《こ》んでいます。「カフェ」の方が「喫茶店《きっさてん》」よりおしゃれなイメージかもしれません。

和語

庭

漢語

庭園

外来語

ガーデン

「庭」は古代の日本では空間の広がる場所を指《さ》していました。「庭」はだんだん「自分の見たい景色をつくる場所」「四季を感じる場所」になり、好きな樹木や花を植え、池や築山《つきやま》をつくるようになりました。平安時代に入ると貴族《きぞく》文化が栄《さか》え、寝《しん》殿造《でんづく》りの建物には広大な庭を設《もう》けました。今も宇治《うじ》の平等院《びょうどういん》などで見ることができます。

「庭園」という言葉が使われるようになったのは明治時代からで、「造形《ぞうけい》美と機《き》能性《のうせい》を備《そな》えている」などの特徴《とくちょう》があります。明治時代に発行された写真集の中には、「日本三名園」として「兼六園《けんろくえん》」（石川県金沢市《かなざわし》）、「後楽園」（岡山県岡山市《おかやまけんおかやまし》）、「偕楽園《かいらくえん》」（茨城県水戸市《いばらきけんみとし》）が選定されています。

ガーデンは英語のgarden、元の意味は「囲まれた楽園」です。「フラワーガーデン」「ローズガーデン」のように他の外来語との複合語《ふくごうご》として、よく使われます。

庭　和語

「古庭に　鶯啼《うぐいすな》きぬ　日もすがら」（古びた庭で一日中鶯《うぐいす》がさえずっている）は江戸時代の俳《はい》人《じん》である与謝蕪村《よさぶそん》の俳句《はいく》です。「古庭」は「古い家の庭」のことです。「庭いじり」や「庭木を刈《か》る」（庭の手入れをする）などの表現があるように、「庭」は草木を植えたり、池に鯉《こい》をかったり、人の手で美しく保《たも》たれています。

庭園　漢語

時代によって庭園もスタイルを変えています。平安時代は池《いけ》のある庭園でしたが、鎌倉《かまくら》～室町《むろまち》時代になると水を使わずに白砂《はくしゃ》で水の流れを表現する「枯山水《かれさんすい》」の様式になります。京都の龍安寺《りょうあんじ》は石だけで山や水を表現しています。江戸時代になると全国各地で庭園がつくられるようになりました。 池泉《ちせん》回遊式庭園は日本庭園の様式の一つ で、園内を歩きながら鑑賞《かんしょう》する庭園です。

ガーデン　外来語

「ガーデニング」って聞いたことがありますか？「わたしの趣味《しゅみ》はガーデニングです」などと使います。「庭仕事」というより、趣味《しゅみ》として「庭造《づく》り」を楽しんでいる感じが出ます。「ガーデンミュージアム比叡《ひえい》」は比叡山《ひえいざん》にあって、季節の花が咲《さ》く園内にはゴッホやルノワールといった有名な画家の絵を再現した陶板《とうばん》が飾《かざ》られています。「ビアガーデン」は主《おも》にビールを提供《ていきょう》する屋外飲食店のことです。ガーデンといっても庭とは関係ありませんね。

和語

宿屋《やどや》

漢語

旅館

外来語

ホテル

宿屋《やどや》（和語）も旅館（漢語）もホテル（外来語）も宿泊《しゅくはく》業です。同じ宿泊《しゅくはく》できる場所なのに、どうして呼《よ》び方が違《ちが》うのでしょう？

宿屋《やどや》は小さな一戸《いっこ》建《だ》てが多く、和風で畳《たたみ》の部屋があります。トイレやお風呂《ふろ》は共同で使うところが多いです。朝食と夕食がついたり、食事のつかない「素泊《すど》まり」もあります。

それに対して同じ和風でも「旅館」は規模《きぼ》が大きく、部屋にトイレやお風呂《ふろ》がついていることが多いです。「温泉旅館」などでは共同で使える大きな温泉や、時には露《ろ》天風呂《てんぶろ》もあります。お食事も「和食懐石《かいせき》」などフルコースの和食が楽しめます。

ホテルは洋風建築《けんちく》が主で部屋にはベッドが置かれ、トイレ・バス付き、食事はレストランで食べます。結婚式《けっこんしき》の披露宴《ひろうえん》などがおこなわれる宴会場《えんかいじょう》を備えたところも多く、食事はフランス料理や中国料理、和食などが併設《へいせつ》されているレストランで、自由に選ぶこともできます。

宿屋《やどや》　和語

和風の「宿屋《やどや》」は年々少なくなっています。建物が小さいことが多く、「一棟貸宿《いっとうかしやど》」として家族やグループに貸出《かしだ》し、「宿屋《やどや》」の特徴《とくちょう》を上手《じょうず》に生かしているところもあります。湖や海辺《うみべ》の「絶景《ぜっけい》の宿《やど》」などもそのロケーションを生かして人気があります。小説「伊豆《いず》の踊《おど》り子《こ》」を書いた作家が宿泊《しゅくはく》した「宿屋《やどや》」は今も「文豪《ぶんごう》の宿《やど》」として健在《けんざい》です。

旅館　漢語

旅館は和風で宿屋《やどや》より建物が大きく構《かま》えが立派《りっぱ》で、従業員《じゅうぎょういん》も多いのが特徴《とくちょう》です。和室が多く、六畳間《じょうま》、八畳間《じょうま》、十畳間《じょうま》と畳《たたみ》の数によって泊《と》まれる人数が決められています。団体《だんたい》旅行やグループツアーが旅館を選ぶことが多いのは、和室ならたとえば十畳間《じょうま》の場合、２人から５人くらいまで宿泊《しゅくはく》が可能《かのう》だからです。大きな宴会場《えんかいじょう》がある旅館では、お座敷《ざしき》に座卓《ざたく》と座布団《ざぶとん》を置き、数十人での食事も可能《かのう》です。

ホテル　外来語

洋式の建物で、主《おも》にベッドに寝《ね》ます。日本にはホテルの格式《かくしき》が高い五つ星ホテルもたくさんあります。部屋はシングルルーム（ベッド１つ）、ツインルーム（ベッド2つ）など、ベッドの数によって宿泊《しゅくはく》人数が決められます。最近はビジネスホテルのように、簡素《かんそ》な部屋にベッド、テーブル、冷蔵庫《れいぞうこ》、テレビ、机《つくえ》など最低限《さいていげん》必要なものを置いて、価格《かかく》を抑《おさ》えた宿泊施設《しゅくはくしせつ》も、駅前などに増《ふ》えています。

和語

芝居小屋《しばいごや》

漢語

劇場《げきじょう》

外来語

シアター

「芝居小屋《しばいごや》」は芝居《しばい》をするために建てられた小さな建物のことです。江戸時代の庶民《しょみん》の楽しみの一つは「芝居小屋《しばいごや》」で歌舞伎《かぶき》などを見ることでした。寛永《かんえい》元年（１６２４年）に歌舞伎《かぶき》俳優《はいゆう》の中村勘三郎《なかむらかんざぶろう》がつくった「芝居小屋《しばいごや》」では、歌舞伎《かぶき》が朝から晩《ばん》まで上演《じょうえん》されました。観客は食べたり、おしゃべりしたりと、現代の歌舞伎鑑賞《かぶきかんしょう》とはだいぶ違《ちが》いました。

「劇場《げきじょう》」は演劇《えんげき》、歌舞伎《かぶき》、オペラ、舞踊《ぶよう》などを上演《じょうえん》する建物で、必ず舞台《ぶたい》があります。音楽演奏《えんそう》用のスペースのあるものや古代ギリシャの円形劇場《げきじょう》のようなもの、歌舞伎公演《かぶきこうえん》で使われる花道と呼《よ》ばれる舞台《ぶたい》から観客席《かんきゃくせき》の奥《おく》にのびる通路を備えた劇場《げきじょう》もあります。

「シアター」は劇場《げきじょう》や映画館《えいがかん》のことです。テレビでは「～シアター」と映画《えいが》を放《ほう》映《えい》するプログラムに使われるなど、複合語《ふくごうご》になることが多いです。

芝居小屋《しばいごや》

和語

「芝居《しばい》」は昔は客席がなく、お客さんは芝《しば》の上に座《すわ》って観《み》たことから、こう呼《よ》ばれるようになりました。江戸《えど》時代には幕府《ばくふ》に公認《こうにん》されていた芝居小屋《しばいごや》は4つあり「江戸四座《えどよざ》」と言われます。「芝居小屋《しばいごや》」の舞台《ぶたい》には幕《まく》があって、演目《えんもく》が一つ終わると幕《まく》を引きます。「幕《まく》引き」（物事を終わりにすること）は舞台《ぶたい》の幕《まく》を引くことから生まれた表現です。

劇場《げきじょう》

漢語

劇場《げきじょう》の形は大きく2つに分けられ、❶演技《えんぎ》空間である「舞台《ぶたい》」と「観客席《かんきゃくせき》」が向き合っているもの（映画館《えいがかん》も含む）と、❷「舞台《ぶたい》」を「観《かん》客席《きゃくせき》」が取り囲むものがあります。古代ギリシャの円形劇場《げきじょう》は典型的な❷の形です。東京ドームシティホールなど多機能型《たきのうがた》の劇場《げきじょう》もあり、半円形の舞台《ぶたい》を客席が取り囲む、❶と❷の良いところを生かしたスタイルになっています。

シアター

外来語

「シアター」（劇場《げきじょう》・映画館《えいがかん》）は英語のtheater《シアター》をカタカナ名表記したものです。ギリシャ語のtheatron《テアトロン》（見物する場所）から派生した言葉です。日本語ではtheの発音がないためにshi《シ》の発音と同じ「シ」と発音しますが、英語話者には「シアター」と言っても通じません。映画館《えいがかん》に「テアトル～」という名前がありますが、これはtheater《シアター》をフランス語読みしたものです。やはりカタカナをそのまま読んでも意味は通じません。

和語　高い柱

漢語　塔《とう》

外来語　タワー

原始時代から近世まで建物を建てる際には、まず地面に穴《あな》を掘《ほ》って「高い柱」を建てました。「掘立柱《ほったてばしら》」と言われます。縄文《じょうもん》・弥生《やよい》時代の遺跡《いせき》を見学すると、竪《たて》穴住居《あなじゅうきょ》や高床倉庫《たかゆかそうこ》などに「高い柱」が見られます。

「塔《とう》」は仏教《ぶっきょう》と共にインドから伝わった、高くそびえ立つ建造物《けんぞうぶつ》です。仏様《ほとけさま》の骨《ほね》を安置したりするために建てられ、日本では三重塔《とう》や五重塔《とう》があります。京都にある東寺《とうじ》の五重塔《とう》は、高さが55メートルもあり、現存《げんぞん》する日本の木造建築物《もくぞうけんちくぶつ》としてはいちばん高い塔《とう》です。明治二十二年（１８８９年）完成のパリのエッフェル塔《とう》はパリ万国博覧会《ばんこくはくらんかい》のモニュメントとしてつくられたものです。令和６年（２０２４年）のパリオリンピックでもシンボルタワーになりました。

「タワー」はタワーマンション、タワークレーン、タワーパーキングなど複合語《ふくごうご》として使われることも多く、高い塔《とう》や高層建築物《こうそうけんちくぶつ》に使われます。

高い柱

和語

出雲大社《いずもたいしゃ》って知っていますか？　島根県出雲市《しまねけんいずもし》にある神社で、祭神《さいじん》は神話「国譲《くにゆず》り」でも知られる大国主大神《おおくにぬしのおおかみ》です。創建《そうけん》は神代とされています。

平成12年（2000年）に出雲大社《いずもたいしゃ》の境内《けいだい》から直径約1.35メートルの巨木の柱が見つかりました。そこから出雲大《いずもたい》社《しゃ》の本殿《ほんでん》の高さは48メートル、現代で言えば15階建てくらいに相当する「高い柱」があったと推定《すいてい》されます。（あくまでも古代の木造建築《もくぞうけんちく》の可能性《かのうせい》についての推測《すいそく》です）

塔《とう》

漢語

奈良《なら》にある法隆寺《ほうりゅうじ》五重塔《とう》は飛鳥《あすか》時代、推古《すいこ》15年(607年)に建てられた世界最古の木造建築《もくぞうけんちく》です。聖徳太子《しょうとくたいし》と推古天《すいこてん》皇《のう》が創建《そうけん》したとされます。平成5年（1993年）にはユネスコ世界文化遺産《いさん》として日本ではじめて登録《とうろく》されました。創建《そうけん》後マグニチュード7.0クラスの地震《じしん》が46回も起きたそうですが、心柱《しんばしら》（中門の中央にある5本の柱）が塔《とう》を支《ささ》えたそうです。その柱は中央部が少し膨《ふく》らんだエンタシス形式です。樹齢《じゅれい》1000年以上のヒノキが使われています。

タワー

外来語

「タワー」（tower《タワー》）は古英語のtorr《トル》（見張《みは》り塔《とう》）やラテン語のturris《トゥッリス》（城塞《じょうさい》）が語源の外来語です。東京のシンボル「東京タワー」は昭和33年（1958年）に建てられました。昭和28年（1953年）からはじまったテレビの電波塔《でんぱとう》として建てられたものです。当時はエッフェル塔《とう》よりも高い世界一の高さを誇《ほこ》り、戦後復興《ふっこう》のシンボルともなりました。

板前　和語

料理長　漢語

シェフ　外来語

みなさんは料亭《りょうてい》で日本料理を食べたことがありますか？　そこには季節の食材を使って、美しくておいしい料理をつくる板前がいます。「板前」は和食の料理人を指《さ》す言葉で寿司職人《しょくにん》のことも「板前」と言います。

レストランで料理人のトップは「料理長」です。レストランのガイドブック「ミシュランガイド」は独自《どくじ》の基準《きじゅん》をつくってレストランの評価《ひょうか》をしています。「ミシュランガイド東京２０２５年」では三つ星レストランに、12店も選ばれました。各店の「料理長」の評価《ひょうか》があがっています。

シェフはフランス語のchef《シェフ》 de《ド》 cuisine《キュイジーヌ》（厨房《ちゅうぼう》のリーダー）から生まれた日本語で、料理人のリーダーを指《さ》します。コックがレストランで働く調理スタッフを指《さ》すのに対して、シェフは複数《ふくすう》いるコックを監督《かんとく》する人を指《さ》します。

板前

和語

「板前」がいて日本料理をつくるのは、料亭《りょうてい》や割烹《かっぽう》、旅館やホテルなどです。食材や料理を考えるのも「板前」の仕事です。「板前」になるためには、料亭《りょうてい》などで何年も見習いとして働き、料理のつくり方や味つけ、盛《も》りつけなどを覚えていかなくてはなりません。「板前」は関西では「板元」「板場」と呼《よ》ばれます。

料理長

漢語

料理長の仕事は幅《はば》が広く、メニューや食材の仕入先を決めたり、料理人たちの味つけの最終チェックをしたりします。料理人を雇《やと》う時には面接をし、適材適所《てきざいてきしょ》に料理人を配置します。外国航路《こうろ》などのクルーズ船には数十人の料理人がいて料理長は１人、重責《じゅうせき》を担《にな》っているのです。

シェフ

外来語

「料理長」を外来語で言うと「シェフ」になります。つまり調理場全体の監督《かんとく》をおこなうのがシェフの仕事です。ですから、どんなに大きなレストランでもシェフは１人しかいません。コックに新人を雇《やと》ったら、材料の吟味《ぎんみ》の仕方や仕入先、料理の仕方はもちろん、お客様に合った味つけ、盛《も》りつけの方法など指導《しどう》をおこないます。高いコミュニケーション能力《のうりょく》が必要なのです。

和語

師《し》匠《しょう》

漢語

教《きょう》師《し》

外来語

インストラクター

「寺子屋」は江戸時代、日本各地に存在《そんざい》し庶民《しょみん》の子どもに読み書きを教えていました。先生は「師匠《ししょう》」と呼《よ》ばれます。師匠《ししょう》には医者や僧侶《そうりょ》などがなりました。通《かよ》う子どもたちの年齢《ねんれい》はさまざまです。独自《どくじ》のカリキュラムを持ち、幕末《ばくまつ》には一万以上の寺子屋が存在《そんざい》しました。明治時代になると「学制」が定められて小学校教育がはじまり、寺子屋はなくなりました。

小学校の教師《きょうし》になるには、教員養成課程《かてい》を持つ短大や大学などで学び、「小学校教諭免許状《きょうゆめんきょじょう》」を取得しなければなりません。更《さら》に教員採用《さいよう》試験に合格《ごうかく》して、採用《さいよう》されてはじめて「小学校教師《きょうし》」になれます。

「インストラクター」は特定の分野で技術《ぎじゅつ》を指導《しどう》する職業《しょくぎょう》です。「指導員《しどういん》」ですが「先生」と呼《よ》ばれることも多く、「スポーツインストラクター」であればトレーニング計画の作成や指導《しどう》をおこないます。指導者《しどうしゃ》になるための教育を受けています。

注：幕末《ばくまつ》、日本の成人男子の識字率《しきじりつ》は70％で、その当時ロンドンは20％、パリは10％未満だったと言われています。日本は寺子屋制度が普及《ふきゅう》していたことにより、世界でも識字率《しきじりつ》の高い国でした。

師匠《ししょう》　和語

寺子屋のはじまりは室町《むろまち》時代で、はじめは寺院でおこなわれ僧侶《そうりょ》などが「師匠《ししょう》」でした。「寺子屋」という名前もそこから来ています。

子どもたちが読み書きやそろばんを習うなど、実用的な教育は庶民《しょみん》の間にも広まりました。寺子屋には「師匠《ししょう》」の個性《こせい》が生きた独自《どくじ》のカリキュラムがあり、明治時代に「小学校」ができるまで続きました。

教師《きょうし》　漢語

明治時代になって「学制」という学校教育の制度ができると、小学校、中学校、高校などで教える「教師《きょうし》」という職業《しょくぎょう》が誕生《たんじょう》しました。教師《きょうし》の性別を見ると小学校では60%以上が女性《じょせい》、中学校では担《たん》当《とう》教科によって違《ちが》いがありますが、男性《だんせい》の方が多くなります。高校では女性《じょせい》の割合は、全体の３分の１となります。年齢《ねんれい》が上がるにつれて男性《だんせい》の教師《きょうし》に教わる率《りつ》が高くなるのです。

インストラクター　外来語

みなさんはスポーツ教室などでインストラクターの指導《しどう》を受けたことがありますか？　インストラクターになるためには、特別な資格《しかく》などは必要ありません。指導《しどう》が上手《じょうず》で説明力、説得力などのコミュニケーション能力《のうりょく》が高く、その分野の専門知識《せんもんちしき》が豊富《ほうふ》で技術力《ぎじゅつりょく》が高いことが「人気インストラクター」の条件《じょうけん》なのです。

和語

受け持ち

漢語

担当者《たんとうしゃ》

外来語

スタッフ

「〇〇さんの担任《たんにん》の先生は誰《だれ》ですか?」「あ、〇〇さんはわたしの受け持ちの生徒です」

多くの場合、日本の小学校のクラスは担任《たんにん》の先生一人と児童で構成《こうせい》されています。担任《たんにん》の先生は「受け持ちの先生」とも言います。「受け持つ」はこの場合、先生が担任《たんにん》であるクラスの授業《じゅぎょう》や生活指導《しどう》などを自分の責任範囲《せきにんはんい》として受けることを言います。

「担当者《たんとうしゃ》」は小学校では先生以外の事務職員《じむしょくいん》を指《さ》し、「生徒の保健衛生担当《えいせいたんとう》」「給食担当《たんとう》」など、それぞれ決まった担当者《たんとうしゃ》がいます。先生と生徒の学校生活をたくさんの担当者《たんとうしゃ》が支《ささ》えているのです。

音楽会の開催《かいさい》にあたっては、企《き》画者《かくしゃ》や会場担当者《たんとうしゃ》、音響担当者《おんきょうたんとうしゃ》、宣伝担当者《せんでんたんとうしゃ》などの「スタッフ」で運営《うんえい》します。「スタッフ」は複数《ふくすう》の人がいっしょに仕事する場合のそれぞれの部門の担当者《たんとうしゃ》を言います。映画《えいが》や音楽会などでは、出演者《しゅつえんしゃ》以外の制作関係者を言います。

受け持ち

和語

日本の小学校の特徴《とくちょう》の１つは、授業《じゅぎょう》の後《あと》みんなで掃除《そうじ》することです。海外では掃除《そうじ》は専門《せんもん》の人に任《まか》せることが多いのです。「共同で掃除《そうじ》すること」の教育効果《こうか》は大きく、きれい好きで秩序《ちつじょ》を守る人に育ちます。大掃除《おおそうじ》は「窓拭《まどふ》き」「床掃除《ゆかそうじ》」「机《つくえ》運び」など「受け持ち」を分けておこないます。大きな仕事の全体をいくつかに分けて、その中の１つを役目として責任《せきにん》を分担《ぶんたん》します。

担当者《たんとうしゃ》

漢語

みなさんの小学校はどんな職員構成《しょくいんこうせい》になっていますか？　校長先生、教頭先生、担任《たんにん》の先生、音楽や美術《びじゅつ》など専門《せんもん》科の先生、養護教諭《ようごきょうゆ》、そして事務職員《じむしょくいん》など。先生方それぞれが「学習指導《しどう》担当《たんとう》」「特別活動担当《たんとう》」「生活指導担当《しどうたんとう》」「進路指導担当《しどうたんとう》」などの役割にもついています。１人がいくつもの役割の「担当者《たんとうしゃ》」（その仕事を受け持つ人）である場合もあります。

スタッフ

外来語

スタッフは英語のstaff《スタッフ》をカタカナで書いた外来語ですが、英語で使う時は「staff member《スタッフ　メンバー》」となり、会社の社員や同じ部署の職員《しょくいん》などのように、まとまりをあらわす時に使います。

「スタッフ・サービス」（外来語＋外来語）という言葉があります。派遣《はけん》会社が会社などの希望条件《じょうけん》に合った人を紹介《しょうかい》したり、逆《ぎゃく》に個人《こじん》の希望に合った会社を紹介《しょうかい》してくれるものです。

和語

瓦《かわら》版《ばん》屋《や》

漢語

記者

外来語

ジャーナリスト

いつの時代でも、世の中に何が起きているのか知りたいものです。瓦版《かわらばん》は江戸時代（幕末《ばくまつ》）に火事や地震《じしん》、事件《じけん》などのニュースを扱《あつか》った印刷物です。「瓦版屋《かわらばんや》」は記事のための取材、印刷、販売《はんばい》をおこなっていました。多くは木版《もくはん》一枚刷《まいず》りで今のA《エー》４くらいのサイズでした。

明治維新《いしん》後、時事ニュースの需要《じゅよう》もあって横浜の貿易商《ぼうえきしょう》たちが出資し、明治三年（１８７０年）に日本初の日刊紙「横浜毎日新聞」が誕生《たんじょう》します。新聞記事を書く「新聞記者」も多く必要とされました。記者たちが取材したのは「貿易《ぼうえき》・経《けい》済《ざい》関係」のニュースや、迷子《まいご》や売り家、落とし物などの今でいう「社会面」のニュースでした。

ジャーナリストは現代のメディアに情報を提供《ていきょう》する仕事をしている人を指《さ》します。新聞記者、放送記者、フリーライターなどです。

瓦版屋《かわらばんや》

和語

瓦版《かわらばん》は江戸時代に刷《す》られた新聞の元祖《がんそ》で「瓦《かわら》版屋《ばんや》」は新聞記者の元祖《がんそ》と言えます。現存《げんぞん》する最古の瓦版《かわらばん》は大坂夏《おおさかなつ》の陣《じん》を扱《あつか》ったものと言われています。「瓦版屋《かわらばんや》」は天災《てんさい》（洪水《こうずい》や飢饉《ききん》）の後《あと》、役者の消息《しょうそく》などを聞き歩くこともあり、取材活動が大変でした。

記者

漢語

新聞記者や放送記者の仕事はハードです。社会の出来事を正確に伝える文章力、取材を進める上でのコミュニケーション力も必要です。記者が扱《あつか》う内容《ないよう》は政治《せいじ》、経済《けいざい》、国際問題、事件《じけん》、事故《じこ》、スポーツなど多岐《たき》にわたります。新聞社では、記者は政治部《せいじぶ》、経済部《けいざいぶ》、社会部などに配属《はいぞく》され、取材対象が決まりますが、地方の場合は1人ですべてを担当《たんとう》する場合もあり、幅《はば》広い知識《ちしき》が必要です。

ジャーナリスト

外来語

ジャーナリストの中には新聞や雑誌《ざっし》の記者の他に、テレビやラジオで活躍《かつやく》するキャスターやルポライターも含《ふく》まれます。政治《せいじ》、経済《けいざい》、自然災害《さいがい》、食品衛生《えいせい》、児童福祉《ふくし》などの各分野に詳《くわ》しい専門《せんもん》的な知識《ちしき》があり、問題点について現状だけでなく、その原因《げんいん》や将来《しょうらい》についてジャーナリスト個人《こじん》の意見を交《まじ》えて伝えます。インターネット放送への出演《しゅつえん》など活動領域《りょういき》が広がっています。

和語

駕籠《かご》かき

漢語

運転手

外来語

ドライバー

昔の移動手段《しゅだん》は「駕籠《かご》」でした。人が座《すわ》る部分を一本の棒《ぼう》につるし、複数人《ふくすうにん》の「駕《か》籠《ご》かき」が前後から棒《ぼう》を担《かつ》いで運びました。これは明治時代まで続きます。

十九世紀末～二十世紀初頭、蒸気《じょうき》、電気、ガソリンを燃料《ねんりょう》とする自動車が日本に輸《ゆ》入《にゅう》され、その数年後には日本でも自動車が生産されます。初期のものはエンジンを始動するのに労力が必要な上、故障《こしょう》やタイヤのパンクも多く、専門《せんもん》の「運転手」を必要としました。大正十二年（１９２３年）、「関東大震災《かんとうだいしんさい》」で被災《ひさい》した東京の交通機関としてバスが活躍《かつやく》、バスの「運転手」も必要とされました。二十一世紀の今でも「バス運転手」「会社おかかえの運転手」「タクシー運転手」などは職業《しょくぎょう》として成立しています。

注：明治二年（１８６９年）に横浜～東京間の乗合馬車《のりあいばしゃ》が日本人によって開業、明治十五年（１８８２年）には鉄道馬車が開通。その後、馬車の普及《ふきゅう》と並行《へいこう》して鉄道が開通し、自動車の急速な発達もあって馬車の歴史は終わりました。

注：自動車の前の交通手段《しゅだん》は西洋では馬車でした。そこでも専門《せんもん》の「御者《ぎょしゃ》」がいました。しかし日本では馬の数が少なかったこと、馬は高価《こうか》な動物であったことなどから、馬車は交通手段《しゅだん》として定着しませんでした。平民の乗馬は明治時代まで許《ゆる》されませんでした。

駕籠《かご》かき

和語

「駕籠《かご》かき」は駕籠《かご》を担《かつ》ぐことを職業《しょくぎょう》とした人たちを言います。駕籠《かご》の種類は乗る人の身分によって厳格《げんかく》に決められ、用途によってさまざまな種類の駕籠《かご》がありました。「駕籠《かご》かき」になるには、身長が六尺（約180センチ）以上とされていました。駕籠《かご》の料金は移動距離《きょり》、スピード、乗る人の体重によって決められていました。

運転手

漢語

日本全国で毎年1000キロメートルに相当するバス路線が廃止《はいし》されています。その主《おも》な要因《よういん》は路線バスの利用者の減少《げんしょう》と、「運転手不足」です。地方に住む高齢者《こうれいしゃ》や運転できない人、車の持てない人たちは、病院、買い物、駅などに行く交通手段《しゅだん》がなくなり、「交通弱者」「交通難民《なんみん》」となっています。

ドライバー

外来語

ここ数年トラックなどを運転する「ドライバー」の不足が深刻《しんこく》な社会問題になっています。物流業界の「ドライバー」は84万人と言われていますが、高齢化《こうれいか》している上、低《てい》賃金《ちんぎん》、長時間労働など労働条件《じょうけん》が厳《きび》しいことで「ドライバー」になりたい人が減ってきています。未来はAI《エーアイ》自動運転による輸送《ゆそう》が主流になるのではないでしょうか。

日本語の「表と裏《うら》」（のんびりとグズ・親切とおせっかい）

■「のんびり」と「グズ」

「うちの子、グズなんですよ。朝だってグズグズしてなかなか起きなくて、朝食もそこそこに学校に行くんで心配です」

「心配しなくても大丈夫、のんびりしているだけですよ。うちの子なんか、あわてて家を出るので忘《わす》れ物が多くて困《こま》っているんです」

日本語って面白《おもしろ》いですね。「のんびり」は性格《せいかく》がゆったりしていておおらかなこと、「グズ」は動作がにぶくのろのろしていること、同じ子どもの動作を「のんびり」というプラス表現と「グズ」というマイナス表現であらわすことができるのです。同じ行動をしていても、人によって「グズ」と感じたり「のんびり」と感じたりします。（　）の中で状況《じょうきょう》に合うものはどちらですか？

❶（のんびり、グズグズ）していたら、映画館《えいがかん》で良い席に座《すわ》れなかった。

❷雨降りの休日だったけど、（のんびり、グズグズ）できてよかった。

❸彼《かれ》はいつも（のんびりと、グズグズと）放課後の時間を楽しんでいる。

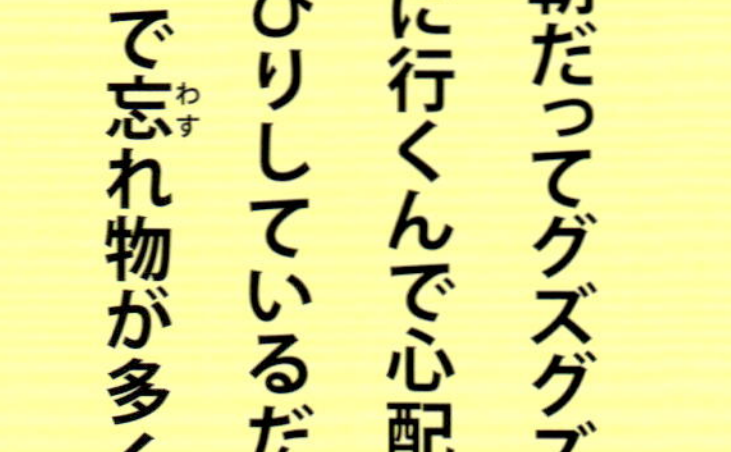

❹さあ、今日は日曜日、（のんびり、グズグズ）できそうだ。

❺もしもし、あ、まだ家にいるの？ どうして君はそう（のんびり、グズズ）なんだ。もう30分も待っているんだよ！

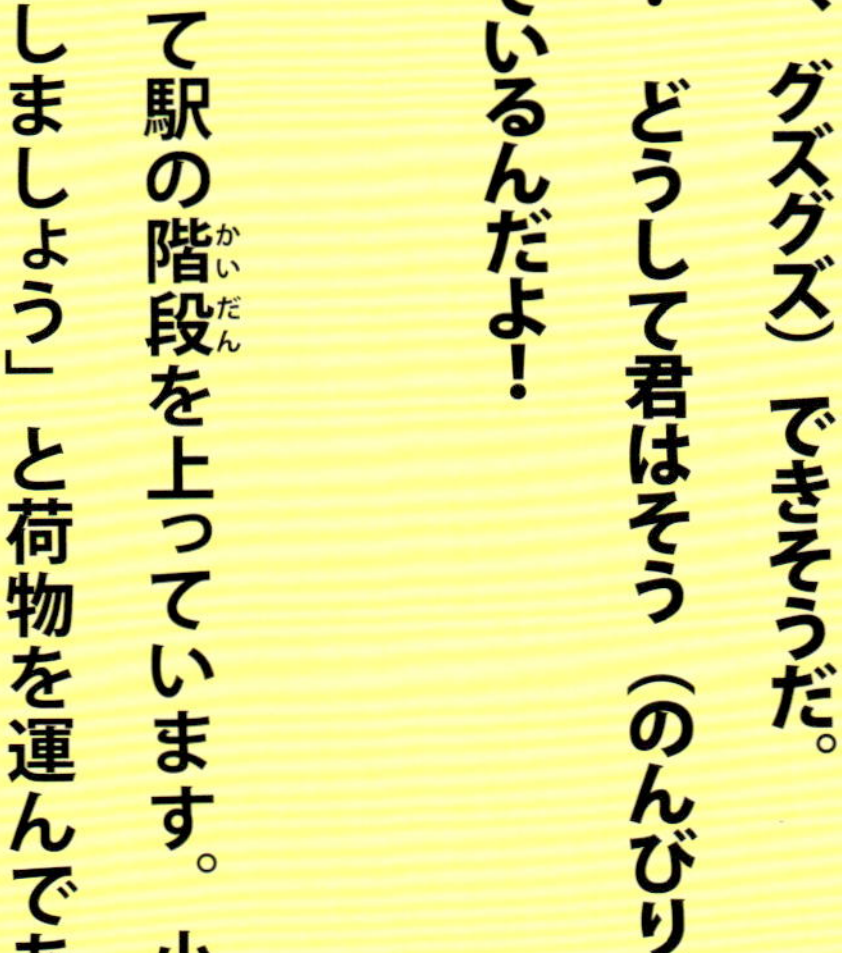

■「親切」と「おせっかい」

お婆《ばあ》さんが重そうな荷物を持って駅の階段《かいだん》を上っています。小学生がそれを見かけて「お手伝いしましょう」と荷物を運んであげました。「親切」ですね。

若い女性《じょせい》が軽々と荷物を持って駅の階段《かいだん》を下りています。会社員風の男性《だんせい》がそれを見かけて「お手伝いしましょう」と言いました。女性《じょせい》は迷惑《めいわく》そうに「一人で運べますから」と断《ことわ》りました。「おせっかい」な男性《だんせい》ですね。

❶友だち「その字間違《まちが》っているよ。はい、消しゴム」（親切）

❷友だち「その字間違《まちが》っているよ。これも、それも、たくさん間違《まちが》っている」

（おせっかい……そんなこと言わなくてもいいのに！）

親切にしてもらうと嬉《うれ》しいですね。でもおせっかいされると嫌《いや》な気分になります。日本語の「表と裏《うら》」、他の例も考えてみましょう！

和語

ろうそく

漢語

電灯

外来語

LED《エルイーディー》ライト

現在《げんざい》、わたしたちの周りの照明器具を見てみると、ほとんどがLED《エルイーディー》ライトではないでしょうか？　建物の中だけではなく、夜に道路や公園、スポーツ競技場《きょうぎじょう》などの公共空間を照らすのもLED《エルイーディー》ライトです。

昔は照明と言えば「ろうそく」でした。日本には七世紀頃《ごろ》「唐《とう》」（今の中国）から伝わりました。１０００年頃《ごろ》になると松脂《まつやに》を原料としたろうそくが日本でもつくられます。平安時代にはろうそくはまだ贅沢品《ぜいたくひん》で、提灯《ちょうちん》や行燈《あんどん》のように暗闇《くらやみ》を照らすものとしては動物性《せい》・植物性《せい》の油が使われていました。

電灯がはじめて使われたのは明治十五年（１８８２年）の銀座です。電灯には白熱電球や蛍光灯《けいこうとう》、水銀燈《とう》などがありますが、現在急激《げんざいきゅうげき》にLED《エルイーディー》ライトに変わろうとしています。

ろうそく

和語

「日本昔話」の中に「命のろうそく」という話があります。「昔々あるところにとても仲《なか》の良い兄弟《きょうだい》がいました」ではじまり、「兄が急に具合が悪くなった時、神様が『天には命のろうそくがあるから、はしごで登ってきなさい』と言いました。天に着くとそこには数えきれないほどの命のろうそくがありました」。さあ、続きはみなさんで読んでください。ハッピーエンドですよ。

電灯

漢語

電灯は文字どおり「電気」の「あかり」です。電灯を1日10時間使うとしましょう。白熱電球はフィラメントが通電によって発光し、1000時間から2000時間（3ヶ月から6ヶ月）使うことができます。蛍光灯《けいこうとう》は蛍光管《けいこうかん》が電気を流すことで発光し、12000時間程度《ていど》（3年4ヶ月）の寿命《じゅみょう》があります。しかしLED《エルイーディー》の寿命《じゅみょう》は40000時間（11年）と言われていて、とても長持ちするのです。

LED《エルイーディー》ライト

外来語

今わたしたちの住む地球は年々温暖化《おんだんか》しています。この温暖化《おんだんか》は産業革命《かくめい》以降進行していて、電力をなるべく使わないようにすることも温暖化対策《おんだんかたいさく》に役立ちます。またLED《エルイーディー》は紫外線《しがいせん》も出さないので虫を寄《よ》せつけません。白熱電球は壊《こわ》れやすいのですが、LED《エルイーディー》は衝撃《しょうげき》にも強いのです。「ろうそく」から「LED《エルイーディー》」へ。照明は進化を遂《と》げています。

和語

落書《らくが》き

漢語

戯画《ぎが》／漫画《まんが》

外来語

コミック

「落書《らくが》き」とは、壁《かべ》や門、塀《へい》など書いてはいけないところに文字や絵のいたずら書きをすることで、書いたものについても「落書《らくが》き」と言います。海外では電車の車両や高架線《こうかせん》の壁《かべ》などに落書《らくが》きがよく見られます。

戯画《ぎが》はこっけいな絵やふざけて描《か》いた絵のことです。「鳥獣人物戯画《ちょうじゅうじんぶつぎが》」は紙に描《か》かれ、全巻《ぜんかん》で四十四メートルもあります。十二世紀から十三世紀にかけて描《えが》かれ鳥や獣《けもの》、人間を戯《たわむ》れに描《えが》いた絵巻物《えまきもの》ですが、動きを見るだけでストーリーが理解《りかい》でき、コミックにも通じるところがあります。

コミックは漫画《まんが》を意味する英語のｃｏｍｉｃ《コミック》をカタカナ表記したものです。狭《せま》い意味では「笑いを取るための絵」を言いますが、「ストーリー漫画《まんが》」「落書《らくが》き」「アニメ」も含《ふく》みます。

落書《らくが》き

和語

落書《らくが》きの中には「芸術的《げいじゅつてき》」なものもあり、最近はスプレーやフェルトペンなどで描《か》かれたイラストが「グラフィティアート」という芸術《げいじゅつ》として評価《ひょうか》されることもあります。

「へのへのもじえー文字で絵を描《か》く」（「本の万《まん》華鏡《げきょう》」）には「へのへのもへじ」は落書きの「定番」としています。時代を超《こ》えて「へのへのもへじ」は文字を組み合わせた落書《らくが》きの代表と言えます。

戯画《ぎが》／漫画《まんが》

漢語

「鳥獣人物戯画《ちょうじゅうじんぶつぎが》」は作者不明で、よく見ると筆《ふで》使いや使われている紙が違《ちが》っていて、作者は１人ではなく複数《ふくすう》いると考えられています。当時の世相《せそう》が反《はん》映《えい》され動物が擬人化《ぎじんか》されていて、日本最古の漫画《まんが》と言われています。ウサギ、猿《さる》、蛙《かえる》、鹿《しか》、狐《きつね》などが水遊びをしたり、相撲《すもう》を楽しむ姿《すがた》が描《えが》かれていて、右から左に見ていくにつれてウサギや蛙《かえる》の動きが展開していく様子《ようす》は、漫画《まんが》の原点になっています。

コミック

外来語

明治時代に入ってきた英語のcomic《コミック》をカタカナ表記したもので、その後、漫画《まんが》という言葉が昭和初期に普及《ふきゅう》し、今では「漫画《まんが》」と「コミック」が同じ意味で使われることが多いです。時代、地域、読者層《そう》によって、さまざまなコミックが存在《そんざい》します。日本が世界に誇る漫画《まんが》・コミックは今日本の重要な輸出《ゆしゅつ》産業の一つになっています。

和語

競《きそ》い合い

漢語

競技会《きょうぎかい》

外来語

コンクール

人間は「競《きそ》い合い」の中で成長する生物ではないでしょうか? オリンピックが世界規模《きぼ》で四年に一度おこなわれるのも、各種の「競技会《きょうぎかい》」で「切磋琢磨《せっさたくま》する」ことも、人間が社会生活を営《いとな》む上で不可欠《ふかけつ》な要素《ようそ》なのでしょう。

日本にはたくさんの「コンクール」があります。「絵画《かいが》コンクール」「クラシック音楽コンクール」「学生音楽コンクール」「ワインコンクール」、小中学生を対象《たいしょう》にしたものでは「朝日新聞社 全日本小中学生ダンスコンクール」「読売新聞社 全国小・中学校作文コンクール」などが、その他には「吹奏楽《すいそうがく》コンクール」や「理科部門の作品コンクール」などがあります。みなさんも熱中できることを探《さが》してコンクールへの出場を果《は》たしませんか?

競《きそ》い合い

和語

小学校では運動会が年中行事になっています。運動会では徒競走やリレー、玉入れ、大玉転がしなど、たくさんの「競《きそ》い合い」があります。

最近はユニークな「ゴミ拾い競争」や「後ろ向きリレー」など、運動が苦手な子どもにも楽しい競技《きょうぎ》が増《ふ》えています。さあ、「競《きそ》い合い」に参加しましょう。「勝つことではなく、参加することに意義がある」のです。

競技会《きょうぎかい》

漢語

スポーツや技術《ぎじゅつ》、芸事で優劣《ゆうれつ》を競《きそ》う大会です。

さまざまな競技会《きょうぎかい》がありますが、たとえば近年競《きょう》技《ぎ》人口が増《ふ》えつつある「全国ボルダリング小学生競《きょう》技《ぎ》大会」を見てみましょう。小学校3年生から6年生までがエントリーできる競技《きょうぎ》大会です。ボルダリングは雨の日でも楽しめるスポーツで、壁《かべ》についた突起《とっき》（ホールド）を使って登る室内競技《きょうぎ》です。

コンクール

外来語

語源《ごげん》はフランス語のconcours《コンクール》で競技会《きょうぎかい》や入試などの選抜《せんばつ》試験を指《さ》します。国内外でさまざまなコンクールが開催《かいさい》されています。

みなさんの身近でも「童謡《どうよう》こどもの歌コンクール」「全日本合唱《がっしょう》コンクール」などがあります。また、世界的な音楽コンクールでは「ショパン国際ピアノコンクール」をはじめとする世界三大コンクールが有名です。

和語

見世物

漢語

曲芸《きょくげい》

外来語

サーカス

「見世物」は江戸時代から明治時代にかけて流行しました。寺社の境内《けいだい》、空《あ》き地《ち》などに小屋を建て、ふつうの人にはできないような離《はな》れ業《わざ》である「軽業《かるわざ》」や「曲芸《きょくげい》」、珍《めずら》しい動物の虎《とら》やヒョウ、ラクダなどを見せて、たくさんの観客を楽しませます。「綱渡《つなわた》り」や「玉乗り」などの曲芸《きょくげい》は、どれもたいへんな練習を必要とします。

みなさんはサーカスを見たことがありますか？　サーカスは象《ぞう》や馬などの動物を使った芸《げい》や人間の曲芸《きょくげい》など、複数の演目《えんもく》で構成《こうせい》されている見世物です。

子どもの頃《ころ》にロシアから来たサーカスを見たことがあります。ピエロのおどけた表情《ひょうじょう》やメイクが楽しく、馬を走らせながら馬上でさまざまな曲芸をする曲馬では、人間が馬から振《ふ》り落とされるのではないかとヒヤヒヤしたものです。

見世物

和語

江戸時代の「見世物」では当時珍《めずら》しい動物であった、虎《とら》やオオカミ、ツルに曲芸《きょくげい》をさせたそうです。しかし江戸時代に第5代将軍《しょうぐん》徳《とく》川綱吉《がわつなよし》によって出された「生類憐《しょうるいあわ》れみの令《れい》」で一時下火になりました。人間も「奇異《きい》な外見」を持った人が見世物になっていました。今では人権侵害《じんけんしんがい》にあたります。

曲芸《きょくげい》

漢語

肉体訓練《くんれん》を重《かさ》ねておこなわれる「綱渡《つなわた》り」などの「曲芸《きょくげい》」は「軽業《かるわざ》」とも言います。曲《きょく》芸《げい》は大きく3つに分類できます。❶人間の体一つで技術《ぎじゅつ》を見せるもの、❷「刃渡《はわた》り」（刀《かたな》の刃《は》の上を素足《すあし》で歩く軽業《かるわざ》）など道具や品物を扱《あつか》う技術《ぎじゅつ》を見せるもの、❸ライオン、クマ、虎《とら》などに「火の輪くぐり」「縄跳《なわと》び」などさせる、調教した動物を使うものです。

サーカス

外来語

サーカス団《だん》には海外公演《こうえん》などをおこなう規模《きぼ》の大きいものもあります。空中ブランコをしたり、動物やオートバイを使った曲《きょく》芸《げい》をしたり、道化役のピエロを演《えん》じたりします。また、それらを支《ささ》える舞台美術《ぶたいびじゅつ》、照明、企画《きかく》、営業など、「裏方《うらかた》」（サーカスのショーには登場しない人たち）の働きも重要です。

和語　**銭《ぜに》**

漢語　**現金**

外来語　**キャッシュ**

古代社会では米、塩、布《ぬの》などが「銭《ぜに》」の変わりとして使われていました。金属《きんぞく》の銭《ぜに》は中国から伝わり、日本国内ではじめてつくられたのは和同元年（７０８年）からです。十六世紀になると製錬《せいれん》技術《ぎじゅつ》が発達し、金銭《きんせん》での取り引きが盛《さか》んにおこなわれました。寛永《かんえい》十三年（１６３６年）、徳川家光《とくがわいえみつ》の時代に金、銀、銅《どう》の三貨制度が確立しました。明治維新《いしん》の後《あと》、紙幣《しへい》が発行され、明治四年（１８７１年）には現在《げんざい》使われている十進法の「円（銭《せん》、厘《りん》）」の単位が導入《どうにゅう》されました。

日本銀行が紙幣《しへい》と貨幣《かへい》を管理するようになったのは昭和十七年（１９４２年）のことです。令和六年（２０２４年）には新紙幣《しへい》が発行されました。印刷技術《ぎじゅつ》の向上により、偽造《ぎぞう》防止が強化されています。現金（お札《さつ》や小銭《こぜに》）を使わないキャッシュレス決済《けっさい》も増《ふ》えてきて、クレジットカード、電子マネーやスマートフォン決済《けっさい》など、現代では支《し》払《はら》いの方法も多様化しています。

銭《ぜに》

和語

「銭《ぜに》」は金属製の少額の貨《か》幣《へい》を言います。現《げん》在《ざい》貨《か》幣《へい》の最小単位は１円ですが、明治時代には１円は100銭《せん》、1000厘《りん》でした。今でも「銭《ぜに》」を使った表現は多く、「身《み》銭《ぜに》を切る」（他人のための費用を自分が負《ふ》担《たん》して物事をおこなうこと）や「安物買いの銭《ぜに》失《うしな》い」（諺《ことわざ》：安いものを買うと傷《いた》みが早くすぐ買い直すことになり、結局は損《そん》をする）などが日本語の中に生きています。

現金

漢語

サラリーマンの給料が現金支《し》給《きゅう》から銀行振《ふ》り込《こ》みに変わっていったのは昭和44年（1969年）頃《ごろ》からです。昭和43年（1968年）に銀行の現金輸《ゆ》送《そう》車《しゃ》の現金「３億《おく》円」（今の30億《おく》円相当）が奪《うば》われた事《じ》件《けん》がありました。犯《はん》人《にん》は警察官に扮《ふん》し、白バイに乗っていたのです。そして翌《よく》年《ねん》以降、「現金自動支《し》払《はらい》機」を設置する銀行が増《ふ》えていきました。今から50年以上前のことです。

キャッシュ

外来語

外国旅行をする時は、日本の通貨（円）からその国の通貨に両替《りょうがえ》が必要です。普《ふ》通《つう》は空港で両替《りょうがえ》します。１万円がアメリカでは約63ドル、ヨーロッパでは約61ユーロ、韓《かん》国《こく》では約92000ウォン、キャッシュ（現金）をもっていないと何かの時に困《こま》ります。日本円の通《つう》貨《か》価《か》値《ち》が「円安」の時は外国で受け取るキャッシュは少なくなります。

※通《つう》貨《か》価《か》値《ち》は変動します。

和語

前払《ばら》い／後払《あとばら》い

漢語

信用販売《はんばい》

外来語

クレジット

現代の日本はキャッシュレス社会になってきています。紙幣《しへい》や硬貨《こうか》などの現金を使わず、クレジットカードや電子マネー、口座振替《こうざふりかえ》などを利用して支払《しはら》いができる社会になってきているのです。子どもたちも、親から毎月お小遣《こづか》いを現金でもらうのではなく、携帯《けいたい》の「○○pay《ペイ》」などで買い物したり、ゲームの課金をしたりすることが多くなっています。どれも親の「消費者信用」で契約《けいやく》してくれている銀行口座《こうざ》から引き落とされるのです。

「金銭感覚《きんせんかんかく》を養う」という意味では子どものうちは現金を使った方が良いと思います。携帯《けいたい》の数字を見るだけでは、金銭感覚《きんせんかんかく》が麻痺《まひ》してしまうのではないかとの懸念《けねん》もあるようです。

前払《ばら》い／後払《あとばら》い

和語

みなさんは交通系IC《けいアイシー》カードを持っていますか？　そのカードにはご両親が事前にお金をチャージしているので、「前払《ばら》い」です。大人《おとな》が使うクレジットカードは暗証《あんしょう》番号を入れたり、サインしたり、あるいはキーにタッチしたりして買い物やレストランの支払《しはら》いができます。クレジットカード会社がお金を立《た》て替《か》えてくれて後日支払《しはら》うので、「後払《あとばら》い」と言います。

信用販売《はんばい》

漢語

「信用販売《はんばい》」は「代金後払《あとばら》い」で販売《はんばい》することです。大人《おとな》になると、高いものを買うのに一度にお金を払《はら》うのではなく、何ヶ月かに分けて払《はら》うことができます。

モノを売る側にとっては、代金をもらう前に商品を渡《わた》すことになるので、信用できない人には「信用販売《はんばい》」はできません。

クレジット

外来語

クレジットは英語の「信頼《しんらい》」「信用」の意味で使われています。クレジットカードでの支払《しはら》いには前払《ばら》い・後払《あとばら》い両方があります。クレジットカードは、買い物の際、差し込《こ》んだりタッチすることで決済《けっさい》します。支払《しはら》いは銀行の預金《よきん》などから自動的に引き落とされる仕組みです。

取り消す

和語

解約《かいやく》

漢語

キャンセル

外来語

「取り消し」は前に言ったり決めたりしたことが、後《あと》で適当《てきとう》でないとわかって、それがなかったことにすること。

「解約《かいやく》」はいったん結んだ契約《けいやく》を解消《かいしょう》すること。

「キャンセル」は契約《けいやく》や予約を解除《かいじょ》すること。

どれも意味だけ読むと「どこが違《ちが》うの？」と思いますよね。

たとえば、友だちと日曜日に遊ぶ約束をしているのに宿題が多くて遊べない時は、「約束取り消してね」と言います。「約束を解約《かいやく》してね」は使いません。また銀行口座《こうざ》などの場合は、「銀行口座《こうざ》を取り消したい」や「キャンセルしよう」とは言いません。銀行口座《こうざ》は「解約《かいやく》する」と言います。飛行機のチケットなどの場合は「キャンセルする」と言います。どうしてこんな使い分けがあるのでしょう？

取り消す

和語

あなたは友だちとどんな約束をしますか？Aさんから「宿題教えてね」と言われ「うん、明日の放課後ね」、でもBさんに「いっしょに卓球《たっきゅう》をしよう」と誘《さそ》われたら、Aさんに「約束、取り消してもいいかな、ごめんね」。「取り消す」は「口約束」の場合が多いので、簡単《かんたん》に取り消せますが、あまりこんなことをくり返すと信用を失いますよ！

解約《かいやく》

漢語

契約《けいやく》は大人《おとな》が個人《こじん》の信用でおこなうものです。「土地の契約《けいやく》」や「クレジットカードの契約《けいやく》」など、書類（最近はインターネットでも）に自分の住所や氏名、電話番号など個人情報《こじんじょうほう》を記入した「契約書《けいやくしょ》」が必要です。それを解約《かいやく》する時も書類に印鑑《いんかん》を押《お》したり、解約《かいやく》する書類に記入したり簡単《かんたん》にできるものではありません。大人《おとな》には責任《せきにん》が伴《ともな》うのです。

キャンセル

外来語

「父が出張《しゅっちょう》に行くことになり、家族旅行の予定をキャンセルしました。大変残念です」のように、旅行の予約や新幹線の予約はキャンセルすると言います。「旅行の予約を解約《かいやく》する」などとは言いません。

しかし、最近はキャンセルの使用範囲が広がり、「コンサートのチケットをキャンセルした」などとも使います。

和語

入れ物

漢語

容器《ようき》

外来語

ケース

「入れ物」の用途《ようと》は広く、小物入れもお菓子《かし》の箱も、冷蔵庫《れいぞうこ》の中の保存容器《ほぞんようき》も「入れ物」ですが、洋服を入れるものは「衣装《いしょう》ケース」と「ケース」が使われます。「容器《ようき》」は物を入れているもの全般《ぜんぱん》を言います。最近は「環境《かんきょう》にやさしい容器《ようき》」といってプラスチック容器《ようき》ではなく紙製の容器《ようき》が増《ふ》えています。卵《たまご》のように壊《こわ》れやすいものは特殊《とくしゅ》な「入れ物」「容器《ようき》」が必要です。しかしプラスチック容器《ようき》では焼《しょう》却《きゃく》すると地球の温暖化《おんだんか》につながり、ポイ捨《す》てされることで、海洋汚染《おせん》にもつながってしまいます。

　スーパーや１００円ショップでわたしたちはプラスチック容器《ようき》をどれだけ使ってきたのでしょう。今後「入れ物」「容器《ようき》」「ケース」は地球環境《かんきょう》を考えたものに変わっていくでしょう。

入れ物　和語

「ねえ、お椀《わん》をしまう新しい入れ物、どれがいいかな」、お正月用に買った食器をしまう「入れ物」をお母さんが探《さが》しています。「とりあえずこの箱どう？　入れ物にちょうど良い大きさだよ」。

「入れ物」は大きさを問わず材料を問いません。空《あ》き缶《かん》や空《あ》き瓶《びん》も工夫次第《くふうしだい》で面白《おもしろ》い入れ物になります。

容器《ようき》　漢語

容器《ようき》の素材《そざい》は実にさまざまです。金属《きんぞく》、ガラス、プラスチックなどです。金属《きんぞく》の缶《かん》はペンキなどの液体《えきたい》や粉末《ふんまつ》、気体などを入れるのに適《てき》していて保存性《ほぞんせい》、密封性《みっぷうせい》、遮光性《しゃこうせい》が高いのが長所です。ガラス瓶《びん》は飲料や調味料などに使われ、透明《とうめい》で殺菌《さっきん》しやすく再《さい》利用もできます。プラスチック容器《ようき》はペットボトルなどに使われていますが、環境《かんきょう》を考えて瓶《びん》や缶《かん》への置き換《か》えが見られます。

ケース　外来語

case《ケース》は「事例」や「問題」を指《さ》す場合もありますが、ここでは「容器《ようき》」や「入れ物」を指《さ》す場合を取り上げます。スマホケース、メガネケースやアクセサリーケースなどがあり、プラモデルやゲーム用品、ゴルフボールなどもケースに入れておくと片《かた》づきます。素材《そざい》の硬《かた》さによってハードケース（硬《かた》い素材《そざい》）、ソフトケース（軟《やわ》らかい素材《そざい》）などがあります。

和語　油

漢語　石油

外来語　オイル

日本で最初に「製油」が使われたのは平安時代、京都の神社で祭祀《さいし》の灯火《とうか》に使われたものです。材料はシソ科の植物の「油」でした。その後、「菜種油《なたねあぶら》」が灯明《とうみょう》用として使われました。

油は明治時代までは主《おも》に灯りとして使われ、ろうそくと共存《きょうそん》しています。明治末期から大正時代は菜種油《なたねあぶら》が精製《せいせい》されて「食用油」にもなりました。

1860年頃《ごろ》、鎖国《さこく》から開国したばかりの日本には西洋から「石油ランプ」が輸入《ゆにゅう》され、その後「石油・オイル」は暖房《だんぼう》や火力発電所の熱源《ねつげん》、船舶《せんぱく》や飛行機などの動力源《どうりょくげん》、プラスチックや化学繊維《せんい》の原料として需要《じゅよう》は伸《の》びる一方でした。しかし石油・石炭・ガスなどの化石燃料《ねんりょう》の燃焼《ねんしょう》は気候変動・地球温暖化《おんだんか》の最大の原《げん》因《いん》とされています。わたしたちの住む地球が悲鳴をあげています。

油

和語

「油を売る」という慣用句《かんようく》があります。「仕事中に無駄話《むだばなし》をしてサボる」ことを言います。語源《ごげん》は江戸時代の「油売り」です。江戸時代は行商人が客と世間話をしながら「油」を「枡《ます》」の中に注《そそ》ぎ、売っていました。油を枡《ます》に注《そそ》ぐには時間がかかるので、行商人は間を持たせるためにお客さんとコミュニケーションをとっていたのです。「油が切れる」(活動の原動力がなくなる)、「火に油を注《そそ》ぐ」(悪い状況《じょうきょう》をさらに悪化させてしまうこと)などの慣用句《かんようく》もあります。

石油

漢語

石油は自動車や飛行機などの燃料《ねんりょう》として使われ、プラスチックなどの原料にもなっています。石油や石炭などの化石燃料《ねんりょう》は、地球温暖化《おんだんか》の原因《げんいん》の一つであるCO_2《シーオーツー》を排出《はいしゅつ》します。石油の需要《じゅよう》は令和11年(2029年)までにはピークに達するという予想がありますが(国際エネルギー機関発表)、現在《げんざい》石油の需要《じゅよう》は1日で約1億《おく》バレルもあります。化石燃料《ねんりょう》をなるべく使わず、地球の温暖化《おんだんか》をストップすることが必要です。

オイル

外来語

「オイルショック」という言葉を聞いたことがありますか? 1970年代に原油産出国(サウジアラビア、イランなど)が原油価格《かかく》を大幅《おおはば》に引き上げたことから原油の供給量《きょうきゅうりょう》が足《た》りなくなり、世界経済《けいざい》が混乱《こんらん》に陥《おちい》ったことがあるのです。ガソリンや灯油、プラスチック製品も不足していきました。

現在《げんざい》は環境《かんきょう》に良いクリーンな再生可能《さいせいかのう》エネルギーの使用が増《ふ》えています。

日本語のジェンダー表現（男のことばと女のことば）

みなさんのクラスの名簿《めいぼ》は男女に関係なく「あいうえお順」になっていますか？　それとも男の子が先で女の子が後《あと》になっていますか？「男女混合名簿《こんごうめいぼ》」が広がりはじめたのは２０００年頃《ごろ》で、まだ歴史としては浅《あさ》いのです。

欧米《おうべい》ではレディーファーストといって、部屋に入る時やエレベーターに乗る時には、男性《だんせい》が女性《じょせい》に「どうぞ」と言って女性《じょせい》を優先《ゆうせん》する習慣《しゅうかん》がありますが、日本にはその習慣《しゅうかん》はありません。

日本語には歴然と男女の違《ちが》いがあります。「才色兼備《さいしょくけんび》」は女性《じょせい》の褒《ほ》め言葉に使われます。優《すぐ》れた才能《さいのう》と美しい容姿《ようし》の両方を備えているという意味です。「美しい容姿《ようし》」は男性《だんせい》を褒《ほ》める時には必要ないと考えられたのでしょう。

「男勝《おとこまさ》り」という表現を聞いたことがありますか？「女なのに男も敵《かな》わないほど気丈《きじょう》でしっかりしている」という意味です。問題は「男も敵《かな》わないほど」という意味があることです。この言葉の裏《うら》には「男の方がしっかりしている」という意味が隠《かく》されているからです。日本の社会で女性《じょせい》が上役である官庁《かんちょう》や企業《きぎょう》が増《ふ》えてきている今、この言葉は死語になっていくことでしょう。

「女手」「男手」という言葉も単に「手」のことを言っているのではなく、「女

手一つで子どもを育てた」のように「女性《じょせい》が自力で働き、収入《しゅうにゅう》を得《え》て子どもを育てた」の意味が含《ふく》まれます。反対に「男手一つで子どもを育てた」には「家に妻《つま》がいれば当然妻《つま》にまかせたであろう家事や育児を男がした」という意味があり、男＝稼《かせ》ぎ手、女＝家事・育児という男女役割分《ぶん》担《たん》の構《こう》図《ず》が隠《かく》されているのです。

「しとやか」は女性《じょせい》が物静かで上品な様子《ようす》を言いますが、男性《だんせい》には使いません。「男泣き」は「泣かないはずの男性《だんせい》が、こらえきれずに泣くこと」で男性《だんせい》の動作に対するプラス表現です。逆《ぎゃく》に「女々《めめ》しい」も主《おも》に男《だん》性《せい》に対して使われ、態度《たいど》が女のように優柔不断《ゆうじゅうふだん》でなかなか決断《けつだん》できないというマイナス表現です。「雄々《おお》しい」は男性《だんせい》が「力強くたくましい様子《ようす》」を言います。

子どもたちにも人気のあるサッカーでは、「サムライブルー」と「なでしこジャパン」が世界で大活躍《だいかつやく》しています。「侍《さむらい》」には「男性《だんせい》として持つべき優《すぐ》れた特質を持つ人」という意味があり、「なでしこ」は「日本人女性《じょせい》の清楚《せいそ》な美しさをたたえる「大和撫子《やまとなでしこ》」に由来する言葉ではないでしょうか？「侍《さむらい》」「なでしこ」にも、言葉の文化的な背景があり、ジェンダー意識《いしき》が反映《はんえい》されているのです。

名簿《めいぼ》は「男女混合名簿《こんごうめいぼ》」となり、男子も女子も名簿《めいぼ》の上では同等になりましたが、日本語にはまだまだ「男女同等」とは言えない表現がたくさんあります。

これらの表現が変わっていくには、もう少し年月が必要になるでしょう。

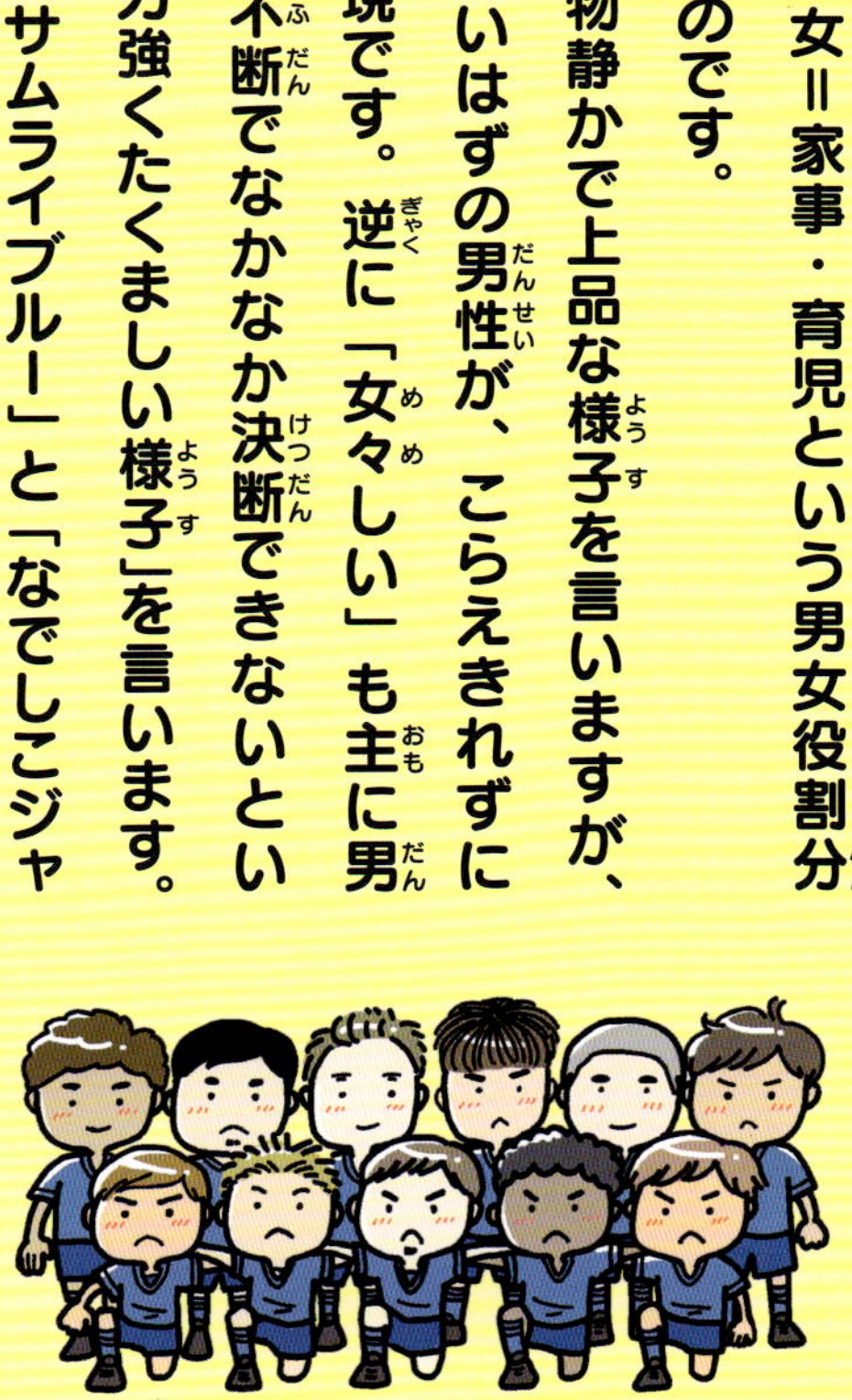

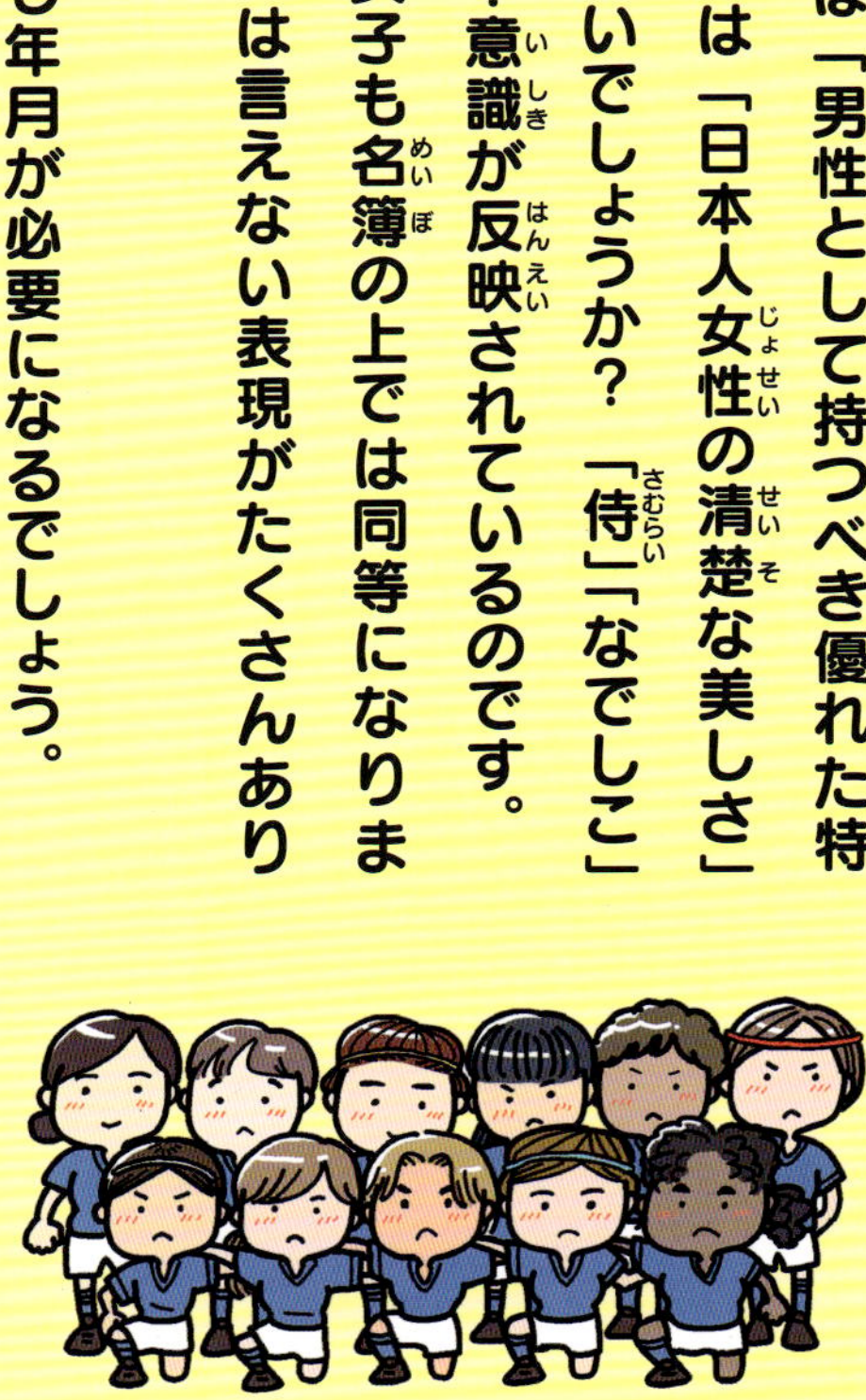

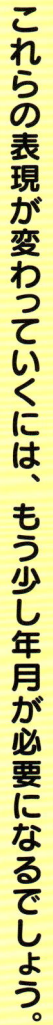

●編著：佐々木 瑞枝（ささき みずえ）

京都府生まれ、山口大学教授（1988年～1993年）、横浜国立大学教授（1993年～2003年）を経て武蔵野大学大学院教授（2003年～2013年）、現在同大学名誉教授、金沢工業大学客員教授、釜山外国語大学名誉文学博士、Asahi Evening Newsコラムニスト（1985年～1996年）。『日本語ってどんな言葉？』（筑摩書房）で第44回産経児童出版文化賞受賞（1997年）、専門は日本語教育学、文部科学省検定国語教科書（中学、光村図書出版）に書き下ろし文掲載。主な著作『外国語としての日本語 その教え方・学び方』（講談社現代新書）、『日本語を「外」から見る』（小学館101新書）、『何がちがう？ どうちがう？ 似ている日本語』『知っているようで知らない日本語のルール』（以上、東京堂出版）、『クローズアップ日本事情15 日本語で学ぶ社会と文化』（ジャパンタイムズ出版）他多数。

●イラスト：下田 麻美（しもだ あさみ）

中央美術学園卒業後、フリーのイラストレーターとして活動。
最近では別名義シモダアサミとして漫画の執筆活動も行っている。
主な作品に『中学性日記』（双葉社）、『あしながおねえさん』（芳文社）、『恐怖のなぞが解けるとき 3分後にゾッとするラスト』（汐文社）などがある。

同じ？ ちがう？ 使い方を考えよう！

和語《わご》 漢語《かんご》 外来語《がいらいご》

❷「店・店舗《てんぽ》・ショップ」社会編《へん》

発　行　2025年２月　初版第１刷発行

編　著　佐々木 瑞枝
発行者　三谷 光
発行所　株式会社 汐文社
〒102-0071　東京都千代田区富士見1-6-1　富士見ビル1F
電話：03-6862-5200　FAX：03-6862-5202
URL：https://www.choubunsha.com/
印　刷　新星社西川印刷株式会社
製　本　東京美術紙工協業組合

ISBN978-4-8113-3145-4　NDC814